Stefan Stelzhammer

Wirtschaftsmediation –
Konflikte im Unternehmen

ISBN: 979-8689950808

Inhalt

Vorwort

Als Mediator habe ich mich auf die Vermittlung von Konflikten spezialisiert. Mein Ziel ist es, eine Win-Win-Situation für alle Beteiligten zu schaffen und langfristige Lösungen zu finden.

In meiner Arbeit als Mediator setze ich auf Empathie und Verständnis für beide Seiten. Ich höre aktiv zu und versuche, die Bedürfnisse aller Parteien herauszufinden. Dabei achte ich darauf, dass jeder seine Perspektive darlegen kann und sich gehört fühlt.

Durch gezielte Fragen bringe ich Klarheit in den Konfliktverlauf und erarbeite gemeinsam mit den Beteiligten mögliche Lösungsansätze. Hierbei lege ich großen Wert darauf, dass diese realistisch umsetzbar sind.

Meine Erfahrung zeigt mir immer wieder: Eine erfolgreiche Konfliktlösung basiert auf einer offenen Kommunikation sowie dem Willen beider Seiten zur Zusammenarbeit.

Da ich, neben meiner Tätigkeit als Mediator auch fertigausgebildeter und erfahrener Versicherungs- und Vermögensberater bin, kann ich Ihnen in jeder Lebenslage unterstützend zur Seite stehen.

Als neutraler Dritter stehe ich Ihnen somit gerne und überall zur Seite - kontaktieren Sie mich einfach!

Brief an den Leser

Liebe Leserinnen und Leser,

dieses Sachbuch ist genau das richtige für Sie, wenn Sie als Unternehmer oder Führungskraft in Ihrem Unternehmen Konflikte erleben. Es ist wichtig, diese schnell und effektiv zu lösen. Eine Möglichkeit dazu bietet die Wirtschaftsmediation.

In diesem Sachbuch erhalten Sie einen umfassenden Überblick über das Thema Wirtschaftsmediation und erfahren, wie Sie Konflikte im Unternehmen erfolgreich bewältigen können. Dabei werden nicht nur theoretische Grundlagen vermittelt, sondern auch konkrete Praxisbeispiele aus verschiedenen Branchen vorgestellt.

Durch zahlreiche Tipps und Anregungen werden Sie angeregt, das Gelernte direkt in die Tat umzusetzen.

Ob Sie bereits Erfahrung mit Mediation haben oder sich erstmalig mit dem Thema befassen – dieses Buch ist genau das richtige für Sie!

Durch die Lektüre dieses Buches können Sie Ihre Kenntnisse im Bereich der Konfliktlösung vertiefen und wertvolle Tipps für den Umgang mit schwierigen Situationen erhalten. Ich hoffe, dass Ihnen dieses Buch dabei hilft, erfolgreich und harmonisch durchs Leben zu gehen.

Viel Spaß beim Lesen!

Ihr Stefan Stelzhammer

Die 2. Auflage (2023)

Die 2. Auflage (2023) meines Sachbuchs umfasst noch mehr Informationen als zuvor.

Die neue Auflage des Sachbuchs "Wirtschaftsmediation - Konflikte im Unternehmen" bringt zahlreiche Änderungen mit sich, die es zu erwähnen gilt. Eines der wichtigsten Updates betrifft die neuesten Entwicklungen in der Wirtschaftsmediation und wie diese auf Konflikte im Unternehmen angewendet werden können.

Ein weiterer wichtiger Aspekt ist die Erweiterung des Buches um neue Fallbeispiele aus verschiedenen Branchen, um den Lesern ein breiteres Verständnis für die Anwendung von Mediation in unterschiedlichen Kontexten zu vermitteln. Darüber hinaus wurden auch einige Kapitel überarbeitet und aktualisiert.
Auch hier bietet das Buch praktische Tipps und Beispiele aus der Praxis.

Insgesamt ist die neue Auflage von "Wirtschaftsmediation - Konflikte im Unternehmen" ein unverzichtbares Werkzeug für alle, die sich mit Konfliktlösung und Mediation beschäftigen - sei es als Unternehmensberater, Personalmanager oder Mediator. Mit seinen praxisnahen Beispielen und aktuellen Erkenntnissen ist es ein Muss für jeden, der sich mit diesem Thema auseinandersetzt.

Der Wirtschaftsmediator

Ein erfolgreicher Wirtschaftsmediator zeichnet sich durch eine Reihe von Fähigkeiten aus, die ihm dabei helfen, Konflikte zwischen Unternehmen oder Geschäftspartnern auf professionelle und effektive Weise zu lösen.

Zunächst einmal muss ein Wirtschaftsmediator über ausgezeichnete kommunikative Fähigkeiten verfügen. Er sollte in der Lage sein, den Standpunkt beider Parteien zu verstehen und ihre Bedürfnisse sowie Interessen zu berücksichtigen. Nur so kann er eine Win-Win-Lösung finden, die für alle Beteiligten akzeptabel ist.

Ein weiterer wichtiger Aspekt ist die Fähigkeit zur Empathie. Ein guter Mediator sollte in der Lage sein, sich in die Lage der Konfliktparteien zu versetzen und ihre Emotionen und Perspektiven zu verstehen. Dies hilft ihm dabei, Vertrauen aufzubauen und eine positive Beziehung zwischen den Parteien herzustellen.

Darüber hinaus muss ein Wirtschaftsmediator auch über exzellente analytische Fähigkeiten verfügen. Er sollte in der Lage sein, komplexe Situationen schnell zu erfassen und mögliche Lösungen zu identifizieren. Eine solche Analyse kann dazu führen, dass der Mediator innovative Lösungsansätze entwickelt, die beide Parteien zufriedenstellen können.

Als Beispiel könnte man hier einen Streitfall zwischen zwei Unternehmen nennen: Die beiden Firmen sind unzufrieden mit einer gemeinsamen Lieferkette und haben Schwierigkeiten bei der Zusammenarbeit. Der Wirtschaftsmediator analysiert die Situation gründlich und schlägt vor, dass beide Unternehmen zusammenarbeiten sollten, um eine neue Lieferkette aufzubauen. Dadurch können sie ihre Beziehungen verbessern und gleichzeitig die Qualität ihrer Produkte steigern.

Zusammenfassend lässt sich sagen, dass ein Wirtschaftsmediator über eine Vielzahl von Fähigkeiten verfügen muss, um Konflikte zwischen Unternehmen oder Geschäftspartnern erfolgreich zu lösen. Dazu gehören kommunikative Fähigkeiten, Empathie und analytische Fähigkeiten. Nur so kann er dazu beitragen, dass beide Parteien einen Gewinn erzielen und langfristige Beziehungen aufbauen können.

Ein Wirtschaftsmediator ist wie ein Brückenbauer zwischen zwei Ufern. Er schafft eine Verbindung zwischen den Parteien und ermöglicht ihnen, gemeinsam auf der gleichen Seite zu stehen, um erfolgreich den Fluss des Konflikts zu überqueren.

Die Wirtschaftsmediation im Allgemeinen

Gerade in den Jahren der Wirtschaftskrise gibt es genügend Situationen, durch welche Konflikte entstehen können. Umso wichtiger ist es dann, diese frühzeitig zu erkennen und erfolgreich zu lösen.

Die Wirtschaftsmediation als außergerichtlicher Lösungsweg, kommt hierbei in zwei Kernthemen zum Zuge – bei den außergerichtlichen und den innerbetrieblichen Konflikten.

Innerbetriebliche Konflikte
Die häufigsten Probleme innerhalb eines Unternehmens entstehen durch unterschiedliche Ziele und Vorstellungen der Arbeiter und Angestellten im Rahmen der Mitarbeiterbeziehungen, Teams und Abteilungen.

Hinzu kommen aber auch jene Konflikte zwischen Eigentümern, Geschäftsführern und Führungskräften.

Dabei ist festzuhalten, dass hierfür vor allem betriebliche Umstrukturierungsmaßnahmen, wie das Aufkommen neuer Mitarbeiter, Abteilungen und Zuständigkeitsbereiche, sowie die Entstehung neuer Unternehmensstrategien, ursächlich sind.

Dies umfasst aber auch die Problematik, wenn bereichsübergreifende und inhaltlich weitreichende Veränderungen auftreten oder neue Strukturen, Systeme, Prozesse oder Verhaltensweisen eingeführt werden.

Der Mensch ist und bleibt ein Gewohnheitstier. Wen wundert es also, wenn er jeglichen Formen von Veränderungen, welche mit seiner eigenen Zukunft verbunden sind, skeptisch und verunsichert gegenübersteht und diese oftmals daher auch zu blockieren versucht.

Außerbetriebliche Konflikte
Das Spektrum der außerbetrieblichen Konflikte umfasst Probleme mit Vertragspartnern, Lieferanten und Geschäftspartnern, welche in erster Linie durch Firmenübernahmen und Fusionen begünstigt sein können.

Dazu gehört aber natürlich auch die Qualität und Menge der Kundenbeziehungen, welche den Umsatz eines Betriebes überhaupt erst möglich machen.

Mein Motto: Ihr Unternehmen – mein Versprechen
Gerade für kleine und mittelgroße Betriebe können ungelöste Konflikte jeglicher Art existenzbedrohend sein.

- Haben Sie vielleicht selbst schon gemerkt, dass Ihnen Streitigkeiten und Probleme in Ihrem Unternehmen nicht nur Zeit, sondern auch Geld kosten?

- Dass durch konfliktbedingt demotivierte Mitarbeiter kostbare Arbeitsqualität und Energien verloren gehen? Vielleicht sogar, dass sich die Feindseligkeiten Ihrer Mitarbeiter gegen Ihre Kunden, Lieferanten und Geschäftspartner richten?

- Und es kein Miteinander, sondern nur noch ein Gegeneinander gibt?

- Oder aber sind es die Kunden selbst oder Ihre eigenen Lieferanten und Co, welche einen Groll gegen Sie hegen?

Als erfahrener Wirtschaftsmediator unterstütze ich Sie in all diesen Belangen und helfe Ihnen dabei, dass Sie das für Sie optimalste Ergebnis erreichen – nämlich das Lösen Ihres Konflikts, indem es zwischen Ihnen und Ihren Mitarbeitern, Lieferanten, Geschäftspartnern, Kunden und sonstigen Beteiligten zu einer friedvollen, fairen und zufriedenstellenden Einigung für alle kommt.

Welche Methoden wende ich dafür an?
Von Brainstorming / Brainwriting über Coaching, Fragetechniken – die Kunst des Fragens, Konfliktberatung, Moderation, Paraphrasieren, Prozessbegleitung über Visualisierungen ist alles dabei!

Kontaktieren Sie mich also, wenn Sie Fragen haben oder wenn Sie direkt meine Hilfe benötigen – damit ich Ihnen dabei helfen kann, dass in Ihrem Betrieb schon bald wieder Frieden herrscht.

Vorteile der Wirtschaftsmediation

Die Mediation im Wirtschaftssektor (Unternehmen, Organisationen, Vereine) bringt langfristig viele direkte und indirekte Vorteile.

Direkte Vorteile
Diese sind für Sie sofort spürbar.

So ist etwa ein für Sie laufendes Gerichtsverfahren während einer Mediation erst einmal ruhig gestellt und sämtliche Fristen gehemmt. In weiterer Folge ersparen Sie sich eine Menge Geld, da ein Mediationsverfahren weitaus günstiger ist und es sich hier um vom Streitwert unabhängige Kosten handelt. Die Mediation ist aber auch schneller, da man hier nicht lange auf einen Termin warten muss und die jeweiligen Themen gleich direkt und persönlich abgehandelt werden. Ein unnötiger Schriftverkehr fällt hier somit auch weg.
Sie müssen auch keine Gerichtskosten oder Rechtsanwälte bezahlen und entlasten somit auch mehr Ihr Unternehmensbudget.

Mitarbeiter, Lieferanten und Co, die auf neutralem und respektvollem Boden zu Wort kommen können und auf deren Interessen und Wünsche eingegangen wird, sind kompromissbereiter und arbeiten effektiver und mit mehr Enthusiasmus, was sich letztlich nicht nur positiv auf die Produktivität auswirkt, sondern auch auf die Kundenzufriedenheit und Ihre Umsatzzahlen.

Indirekte Vorteile
Jene Vorteile sind vor allem auf lange Frist spürbar.

Die Rede ist dabei von der Qualität und Dauer Ihrer Geschäfts-, Lieferanten- und Kundenbeziehungen, welche weder durch ein Gericht, noch durch einen von Ihnen zuvor eingeschalteten Rechtsanwalt gefährdet sind.

Weil sich Ihr Streitpartner durch ein wertschätzendes und faires Mediationsverfahren geschätzt fühlt, vermeiden Sie so zudem auch, dass Ihr Unternehmen seinen guten Ruf und sein Image verliert.

Auch erarbeiten Sie durch eine Wirtschaftsmediation Lösungsoptionen, welche etwaige Abläufe in Ihrem Unternehmen optimieren.

Zu guter Letzt fördern Sie damit nachhaltig ein positives Betriebsklima, ein wertschätzendes Miteinander und eine gute Zusammenarbeit, wodurch sich in Summe auch der Fluktuationsanteil reduziert und Sie weniger auf die Hilfe von Personalfirmen angewiesen sind.

Aber nicht nur das – das Mediationsverfahren ist für die Beteiligten immer ein eigenständiger Selbstfindungsprozess, bei dem sie zudem lernen mit Problemen besser umzugehen und bei welchen Methoden aufgezeigt werden, die auch, im Falle von künftigen Konflikten, erfolgreich angewendet werden können.

Felder der Wirtschaftsmediation

Es gibt eine Menge an Situationen, welche den Einsatz eines Mediators unerlässlich machen können.

Eine Unternehmensnachfolge, Kompetenzkonflikte innerhalb der Abteilungen und Teams (z.B.: Aufgabenverteilung) oder Streitigkeiten mit dem Lieferanten oder der Konkurrenz. Das Spektrum der Wirtschaftsmediation ist riesengroß und ist – im Vergleich zu einem Gerichtsverfahren – stets der kostengünstigere, schnellere und fairere Lösungsweg, um Konflikte präventiv zu vermeiden und vorhandene Differenzen zu klären.

Da das außergerichtliche Mediationsverfahren für die Unternehmen und das Erreichen ihrer Erfolgsquote mittlerweile nicht mehr wegzudenken ist, ist die Bandbreite der Anwendungsfelder immens.
Zu den Anwendungsfeldern der Wirtschaftsmediation gehören daher nicht nur die Probleme der Aufgabenverteilung innerhalb von Abteilungen und Teams oder eine auftretende Unternehmensnachfolge, sondern auch die Geschäftsbeziehungen zwischen den eigenen oder konkurrierenden Unternehmern und die Beziehungen zu den Kunden und Lieferanten.

So ist ein häufiger Streitpunkt im Bereich der Kundenbeziehungen etwa die Nichtzahlung von bezogenen Leistungen oder Produkten.
Im Rahmen der Lieferantenbeziehung kann dies sogar so weit gehen, dass Lieferungen unvollständig oder mangelhaft sind oder gar ausgesetzt werden.

Probleme können aber auch mit Behörden oder firmenexternen Personen, wie zum Beispiel mit

Anrainern, entstehen, wenn es etwa um ein geplantes Bauvorhaben geht.

Ein wichtiges Feld der Wirtschaftsmediation ist die Konfliktlösung bei Mergers & Acquisitions (M&A). Hierbei geht es darum, dass zwei Unternehmen fusionieren oder ein Unternehmen ein anderes übernimmt. Oftmals gibt es dabei Unstimmigkeiten bezüglich des Preises oder der Bedingungen des Kaufvertrags. Die Wirtschaftsmediation kann hier helfen, eine für beide Parteien akzeptable Lösung zu finden.

Ein weiteres wichtiges Feld ist die Arbeitsplatzmediation. In diesem Bereich geht es darum, Konflikte am Arbeitsplatz zu lösen und somit das Betriebsklima zu verbessern. Hierzu gehören beispielsweise Mobbingvorwürfe oder Konflikte zwischen Kollegen oder zwischen Mitarbeiter und Vorgesetztem.

Auch im Bereich des Vertragsrechts spielt die Wirtschaftsmediation eine wichtige Rolle. Bei Vertragsstreitigkeiten kann die Mediation dazu beitragen, dass die Vertragsparteien eine für beide Seiten akzeptable Lösung finden, ohne dass es zu einem langwierigen Gerichtsprozess kommt.

Insgesamt bietet die Wirtschaftsmediation viele Möglichkeiten zur Lösung von Konflikten im wirtschaftlichen Kontext und trägt so dazu bei, dass Unternehmen erfolgreich arbeiten können.

Wirtschaftsmediation –

Einsatzbereiche und Vorteile

In der heutigen Zeit ist die Wirtschaft ein dynamisches Umfeld, das von Konflikten geprägt ist. Unternehmen stehen täglich vor Herausforderungen, die sich aus unterschiedlichen Interessen, Meinungen und Zielen ergeben können. Dabei kann es zu Konflikten kommen, die eine effektive Zusammenarbeit erschweren oder sogar unmöglich machen. Hier kommt die Wirtschaftsmediation ins Spiel.

Die Wirtschaftsmediation ist ein Verfahren zur Lösung von Konflikten im wirtschaftlichen Bereich. Es handelt sich dabei um eine außergerichtliche Methode, bei der ein neutraler Dritter als Mediator eingesetzt wird. Ziel der Wirtschaftsmediation ist es, gemeinsam mit den Beteiligten eine für alle Seiten akzeptable Lösung zu finden.

Einsatzbereiche der Wirtschaftsmediation sind vielfältig und reichen von innerbetrieblichen Konflikten bis hin zu Konflikten zwischen Unternehmen oder zwischen Unternehmen und Kunden. Im Folgenden werden einige häufige Einsatzbereiche der Wirtschaftsmediation näher beschrieben:

Streitigkeiten zwischen Geschäftspartnern:

Wenn es zwischen zwei Unternehmen zu Meinungsverschiedenheiten oder Unstimmigkeiten kommt, kann die Wirtschaftsmediation helfen, eine Einigung zu erzielen. Hierbei geht es oft um Fragen wie Liefertermine, Zahlungsbedingungen oder Qualitätssicherung.

Mitarbeiterkonflikte:

Auch innerhalb eines Unternehmens kann es zu Konfliktsituationen kommen – zum Beispiel aufgrund von unterschiedlichen Arbeitsauffassungen oder persönlichen Differenzen. Die Wirtschaftsmediation kann hierbei helfen, eine Lösung zu finden und die Arbeitsbeziehungen wieder zu verbessern.

Konflikte zwischen Unternehmen und Kunden:

Wenn es zwischen einem Unternehmen und einem Kunden zu Unstimmigkeiten kommt – zum Beispiel wegen mangelhafter Leistungen oder Produkten – kann die Wirtschaftsmediation dazu beitragen, eine zufriedenstellende Lösung für beide Seiten zu finden.

Nachfolgeregelungen in Familienunternehmen:

In Familienunternehmen kann es bei der Regelung der Unternehmensnachfolge oft zu schwierigen Konflikten kommen. Hier kann die Wirtschaftsmediation helfen, eine einvernehmliche Lösung zu finden und so den Fortbestand des Unternehmens sicherzustellen.

Ein großer Vorteil der Wirtschaftsmediation ist ihre Flexibilität. Im Gegensatz zu gerichtlichen Verfahren gibt es keine festen Regeln oder Zeitvorgaben, sondern das Verfahren wird individuell auf den jeweiligen Konflikt angepasst. Zudem können die Beteiligten selbst entscheiden, ob sie an einer Mediation teilnehmen möchten oder nicht.

Ein weiterer Vorteil ist die Möglichkeit, langwierige Gerichtsprozesse zu vermeiden. Durch die schnelle und effektive Lösungsfindung können sowohl Zeit als auch Kosten eingespart werden.

Abschließend lässt sich sagen, dass die Wirtschaftsmediation ein wichtiges Instrument zur Bewältigung von Konflikten im wirtschaftlichen Bereich darstellt. Sie bietet den Beteiligten die Chance, gemeinsam eine für alle Seiten akzeptable Lösung zu finden und somit langfristig erfolgreiche Geschäftsbeziehungen aufrechtzuerhalten.

Erwartungshaltung an die Mediation

Das außergerichtliche Verfahren der Mediation bietet neue Lösungswege, erhöht die Produktivität und den Erfolg des Unternehmens und spart zudem Geld, Nerven und Zeit.

Dabei hilft der Mediator als geschulte, neutrale und aufgeschlossene Drittperson den Konfliktpartnern dabei auf einen gemeinsamen Nenner zu kommen und somit rasch zum Kern des Problems vorzudringen und diesen für alle Seiten zufriedenstellend und bestmöglich zu lösen.

Dies ist besonders wichtig, da ungelöste Konflikte bei den Mitarbeitern zu innerer Resignation, Stagnation oder Rebellion, und bei Geschäftspartnern zu unbefriedigenden Vertragsabschlüssen oder frühzeitigen Beendigungen von Geschäftsbeziehungen führen können.
Unterschieden wird dabei zwischen Mediationen mit Unternehmen, Institutionen und Organisationen.

Allen voran gilt jedoch, dass Unternehmen, welche ihre Konflikte anhand von Mediationen lösen, in jeder Hinsicht einen Vorteil haben.
Sie erkennen oftmals schon sehr früh eine konfliktgeladene Situation und bemühen sich genauso schnell um eine vollständige Bereinigung selbiger und somit um ein positives Betriebsklima und die Rückkehr in die Normalität.

Das Herausarbeiten der Interessen aller Beteiligten, das Erkennen der wirtschaftlichen Zusammenhänge und das Finden von kreativen Lösungen zum Zwecke der Allgemeinheit, zeichnen einen guten Wirtschaftsmediator aus.

Neben der Mediationskompetenz sollte ein guter Wirtschaftsmediator jedoch auch über die sogenannte Feldkompetenz verfügen. Dies bedeutet, dass sich die Teilnehmer während des gesamten Prozesses wohl fühlen, zueinander Vertrauen aufbauen und sich in einem für sie spürbar sicheren Rahmen bewegen können. Dadurch können die Betroffenen ihre Wünsche, Interessen, Absichten und Ziele wahrheitsgemäß und authentisch äußern und werden emotional in das Geschehen eingebunden, welches stets zum Ziel hat, dass der Konflikt bereinigt wird.

Erwartungshaltung an die Wirtschaftsmediator

Die Erwartungshaltung an einen Wirtschaftsmediator ist hoch. Die beteiligten Parteien, sei es ein Unternehmen oder eine Gruppe von Unternehmern, erwarten vom Mediator eine schnelle und effektive Lösung des Konflikts. Dabei muss der Mediator nicht nur über fundierte Fachkenntnisse im Bereich der Wirtschaft verfügen, sondern auch über ausgeprägte kommunikative Fähigkeiten.

Eine zentrale Aufgabe des Wirtschaftsmediators besteht darin, die Interessen aller Parteien zu berücksichtigen und gemeinsam mit ihnen nach einer Lösung zu suchen, die für alle Beteiligten akzeptabel ist. Hierbei ist es wichtig, dass der Mediator neutral bleibt und keine Partei bevorzugt. Nur so können die beteiligten Parteien Vertrauen in den Mediator entwickeln und sich auf den Prozess einlassen.

Ein weiterer wichtiger Aspekt ist die Vertraulichkeit. Der Wirtschaftsmediator darf keinerlei Informationen an Dritte weitergeben und muss sicherstellen, dass alle Gespräche unter strikter Vertraulichkeit geführt werden. Nur so können die beteiligten Parteien frei sprechen und ihre Bedürfnisse offenlegen.

Insgesamt wird von einem Wirtschaftsmediator erwartet, dass er professionell arbeitet und sowohl fachlich als auch menschlich überzeugt. Denn nur wenn alle Beteiligten das Gefühl haben, ernst genommen zu werden und fair behandelt zu werden, kann eine erfolgreiche Mediation stattfinden.

Konfliktursachen

Ausgangspunkt eines Konfliktes sind gegenteilige oder widersprüchliche Verhaltensweisen, Forderungen, Ansichten und Ziele.

Jeder Konfliktpartner erwartet von seinem Gegenüber die unvoreingenommene Akzeptanz seines Willens ohne dabei Rücksicht auf die Wünsche des anderen zu nehmen. Dieses Aneinanderprallen der Gegensätze führt dann zu dem, was wir als Konflikt oder Streit bezeichnen.

In der Wirtschaftsmediation allein werden um die 10 bis 15 Prozent der Arbeitszeit für das Austragen solcher Streitsituationen aufgewendet. Hinzu kommen noch Fehlzeiten, Betriebsängste und Mobbing, welche allesamt mit hohen finanziellen Kosten und einem enormen zeitlichem Aufwand verbunden sind.

So kann etwa die Gefahr, dass sich ein anfänglich kleines Missverständnis zwischen einem Mitarbeiter und seinem Chef über Wochen und Monate zu einer ernsthaften Auseinandersetzung hochschaukelt, sehr hoch sein.

Doch was ist in solchen Fällen der beste Weg? Missverständnisse und Meinungsverschiedenheiten erst gar nicht entstehen zu lassen oder diese, wenn sie bereits eingetroffen sind, rasch zu beseitigen! Und wie erreicht man das? Indem man offen über das spricht, was einem belastet oder stört und so versucht, einen gemeinsamen Weg zu finden, der für alle Betroffenen akzeptabel ist!

Dies bedeutet jedoch, dass man den Konflikt frühzeitig erkennt, benennt, darüber spricht – auch die Wünsche des Gegenübers respektiert – und gemeinsam nach Lösungen sucht, mit der alle Partner „leben können" und den Streit somit letztlich bereinigt.

Ein gutes Konfliktmanagement, wie es die Wirtschaftsmediation bietet, ermöglicht, dass die Streitparteien einander verstehen und respektieren lernen und gemeinsam eine für einander achtungsvolle und faire Entscheidung treffen. Der Lernprozess mit seinen Lösungsmethoden, der dabei durchlaufen wird, wird erfahrungemäß verinnerlicht und auch bei neu aufkommenden Differenzen immer wieder angewandt.

Das wichtigste Mittel der Mediation zur Beseitigung eines Konflikts ist und bleibt hierfür die Kommunikation.

Wenn ein Vorgesetzter seinem Mitarbeiter nicht genau mitteilt, was dieser zu tun hat, also was dieser von ihm erwartet, ist es für den Angestellten schwierig, seine Arbeit richtig zu machen. Um dies zu erreichen, muss jedoch gewährleistet sein, dass der Mitarbeiter sämtliche Informationen erhält, die er zur Ausübung seiner Tätigkeit benötigt. Ob der Mitarbeiter das Gesagte auch verstanden hat, lässt sich kontrollieren, indem ihm der Vorgesetzte die Möglichkeit gibt, dass zuvor besprochene in seinen eigenen Worten zu wiederholen und so gleichermaßen allfällige Missverständnisse und Fragen aus dem Weg zu räumen.

Zusammenfassend bedeutet dies, dass die Erwartungen des Vorgesetzten (die korrekte Erledigung des Arbeitsauftrags) nur dann erfüllt werden können, wenn dieser seine Erwartungen auch präzise benennt, erklärt und seinem Gegenüber mitteilt.

Ein häufiges Problem heutzutage ist jedoch auch, dass diese „genaue" Kommunikation oftmals untergeht, wodurch die Erwartungen des anderen dann nicht korrekt oder vollständig erfüllt werden können und sich das Nicht-Erfüllen der Erwartungen dann leider auf das Gesamtbild einer Person auswirkt und es in weiterer Folge zu einem ernsthaften Konflikt zwischen den Parteien kommt.

Treten Differenzen auf, sollte es im Interesse aller Beteiligten liegen über diese zu sprechen und gemeinsam nach einem Kompromiss zu suchen. Dafür braucht es jedoch den „guten Willen", eine Portion Selbstdisziplin und die Kontrolle des eigenen Gemüts- und Gefühlszustands, damit ein engstirniger Tunnelblick überwunden werden kann.

Aufgabe des Mediators ist es, in derartigen Konfliktsituationen einen kühlen Kopf zu bewahren und die gegensätzlichen Erwartungshaltungen der Prozessteilnehmer zu einem großen Ganzen zusammen zu führen, also einen Win-Win Situationen herzustellen. Dabei greift er auf jede Menge Wissen, Erfahrung, Fingerspitzengefühl und eine gute Menschenkenntnis zurück.

Um das zu erreichen, muss jedoch zuerst geklärt werden, was die genaue Ursache für die Entstehung des Konflikts war. Denn nur wenn man das Streitmotiv kennt, kann man es verstehen und eine funktionierende und praxistaugliche Lösung finden.

Schafft man es nicht, die Meinungsverschiedenheiten, Missverständnisse und Konfliktpunkte nachhaltig zu lösen und darüber offen zu kommunizieren oder, im Falle unseres Beispiels, den Mitarbeiter ausreichend über seinen Arbeitsauftrag zu informieren, bedeutet das für den Unternehmer, dass der Arbeitsprozess weiter behindert wird.

Kostspielige Konfliktpunkte im Unternehmen, wie Meinungsverschiedenheiten, ein verletztes Ego oder falsch zusammengestellte Teams lassen sich oft rasch aus dem Weg räumen. Wichtig ist jedoch, dass man darüber spricht und dem anderen dabei mit Verständnis und Wertschätzung begegnet und einem Kompromiss offen gegenübersteht.

Die Frustration über Streitigkeiten am Arbeitsplatz wird dabei immer auf beiden Seiten empfunden – auf der Unternehmer- und auf der Mitarbeiterseite.

Versucht man einem lösungsorientierten Gespräch aus dem Weg zu gehen, kann dies nicht nur die eigene Karriere bedrohen, sondern auch das gesamte Arbeitsklima, die Produktivität, den Erfolg des Unternehmens und auch das Privatleben, da man seine Probleme mit nachhause nimmt.

Stellt man sich diesen Problemen aber im Rahmen eines Mediationsprozesses, sinkt die Zahl der unzufriedenen Mitarbeiter und somit auch die Fluktuationsrate.

Wichtig ist dabei aber auch der richtige Zeitpunkt, denn je länger man in einer konfliktträchtigen Situation verweilt, desto länger dauert es, bis alle Meinungsverschiedenheiten aufgearbeitet und gelöst werden. Aus diesem Grund sollte man sich bereits frühzeitig mit einem Wirtschaftsmediator kurzschließen.

In Zeiten steigender Aufwendungen stehen Unternehmer immer wieder vor dem Problem, wie sie diese Kostenfaktoren ausgleichen und das Betriebsergebnis optimieren können.
Dies führt dazu, dass Personaleinsparungen und häufige Überstunden ohne eine angemessene Wertschätzung des Personals zur Norm werden und dadurch im Durchschnitt jeder vierte Mitarbeiter kündigt. Wenn es zu keiner Kündigung kommt, so steigt die Unzufriedenheit der Mitarbeiter, was wiederum das Betriebsklima negativ beeinflusst und das Unternehmer-Mitarbeiter-Verhältnis ebenso strapaziert, wie den Umgang mit den Kunden, Lieferanten und sonstigen am Unternehmenserfolg beteiligten Personen.

Auch der Anteil der Arbeitnehmer, welche keine emotionale Bindung mehr zu ihren Unternehmen haben, wächst seit Jahren.

Viele Arbeitskräfte haben die Loyalität zu ihrem Unternehmen verloren und bringen sich dadurch nur noch halbherzig ein, haben weniger Ideen, einen geringeren Arbeitseinsatz und sind häufiger krankgeschrieben.

Doch wie lassen sich all diese Konflikte auflösen?
Eine klare, respektvolle und „gewaltfreie"
Kommunikation ist, wie bereits erwähnt, das A und O
einer erfolgsversprechenden Lösungsfindung. Dafür
bedarf es aber auch der Bereitschaft, sein eigenes
Verhalten zu reflektieren, zu überdenken und für
Kompromisse offen zu sein – und natürlich, sich
ausreichend mit der Ursache, also dem Kern des
Problems, auseinanderzusetzen.

Im Zusammenhang mit Mitarbeiterkonflikten können
diese etwa durch Versetzungen
(Trennungsmaßnahmen), Fehleranalysen,
Zielvereinbarungen (sachliche Maßnahmen), sowie
Mitarbeitergespräche und Führungscoachings
(persönliche Maßnahmen) gelöst werden.

Wann sollte ein Wirtschaftsmediator beauftragt werden

In der heutigen Geschäftswelt kann es schnell zu Konflikten kommen, die das Wohlergehen eines Unternehmens beeinträchtigen können. Obwohl viele Unternehmen versuchen, Konflikte intern zu lösen, gibt es Zeiten, in denen ein Wirtschaftsmediator beauftragt werden sollte. In diesem Text werden wir darüber sprechen, wann ein solcher Mediator gebraucht wird.

Ein Wirtschaftsmediator ist eine neutrale Person, die zwischen zwei oder mehr Parteien vermittelt und dabei hilft, Streitigkeiten beizulegen. Im Allgemeinen haben diese Streitigkeiten mit finanziellen Angelegenheiten oder Vertragsverletzungen zu tun. Ein Mediator kann auch helfen, wenn es um Meinungsverschiedenheiten zwischen Mitarbeitern oder Führungskräften geht.

Es gibt einige Situationen, in denen ein Unternehmen einen Wirtschaftsmediator beauftragen sollte. Zum

Beispiel:

Wenn es Schwierigkeiten bei der Umsetzung von Verträgen oder Vereinbarungen gibt: Wenn eine Partei ihre Verpflichtungen nicht erfüllt hat oder wenn es Unklarheiten im Vertrag gibt, kann dies zu einem Konflikt führen. Ein Mediator kann helfen, indem er den Vertrag prüft und mögliche Lösungen vorschlägt.

Bei Meinungsverschiedenheiten zwischen Mitarbeitern oder Abteilungen: Wenn Mitarbeiter unterschiedlicher Abteilungen sich nicht einig sind oder persönliche

Differenzen haben, kann dies die Arbeitsatmosphäre negativ beeinflussen und die Produktivität des Unternehmens beeinträchtigen. Ein Mediator kann hierbei helfen und eine gemeinsame Lösung finden.

Wenn es um finanzielle Angelegenheiten geht: Wenn es um Geld geht, kann dies schnell zu Konflikten führen. Ein Wirtschaftsmediator kann helfen, wenn beispielsweise ein Kunde nicht bezahlt oder eine Rechnung nicht korrekt ist.

Bei Verhandlungen über Fusionen und Übernahmen: Wenn Unternehmen fusionieren oder andere Unternehmen übernehmen, kann es zu Unstimmigkeiten kommen. Hierbei können Mediatoren helfen, indem sie zwischen den beteiligten Parteien vermitteln und mögliche Lösungen vorschlagen.

In all diesen Fällen kann ein Wirtschaftsmediator dazu beitragen, dass die Situation gelöst wird und das Geschäft reibungslos weiterläuft. Es ist jedoch wichtig zu beachten, dass der Einsatz eines Mediators nur dann sinnvoll ist, wenn alle Parteien bereit sind, zusammenzuarbeiten und eine gemeinsame Lösung zu finden.

Zusammenfassend lässt sich sagen, dass ein Wirtschaftsmediator immer dann gebraucht wird, wenn es in einem Unternehmen zu Konflikten kommt. Ob es sich dabei um finanzielle Angelegenheiten oder Meinungsverschiedenheiten handelt - ein Mediator kann helfen, eine gemeinsame Lösung zu finden und somit das Wohlergehen des Unternehmens sicherzustellen.

Beispiel aus der Praxis

In der Wirtschaftsmediation geht es oft um Konflikte zwischen verschiedenen Parteien innerhalb eines Unternehmens oder zwischen Unternehmen. Die Ursachen für solche Konflikte können vielfältig sein, aber hier sind zwei häufige Beispiele:

Unterschiedliche Erwartungen:

Oftmals entstehen Konflikte, weil verschiedene Parteien unterschiedliche Vorstellungen davon haben, wie etwas ablaufen soll oder was das Ziel einer bestimmten Maßnahme ist. Zum Beispiel könnte eine Abteilung in einem Unternehmen denken, dass ihr Projekt Vorrang hat und daher mehr Ressourcen bekommen sollte als andere Projekte. Eine andere Abteilung mag jedoch denken, dass ihre Arbeit wichtiger ist und deshalb auch mehr Ressourcen verdient. Wenn diese beiden Abteilungen nicht miteinander kommunizieren und ihre Erwartungen klären, kann dies zu einem Konflikt führen.

Mangelnde Zusammenarbeit:

Ein weiterer häufiger Grund für Konflikte in der Wirtschaftsmediation ist mangelnde Zusammenarbeit zwischen verschiedenen Parteien. Dies kann passieren, wenn Abteilungen oder Unternehmen nicht gut zusammenarbeiten oder wenn es interne Machtkämpfe gibt. Angenommen, ein Unternehmen plant eine Fusion mit einem anderen Unternehmen, aber die Mitarbeiter beider Unternehmen arbeiten nicht gut zusammen und haben Schwierigkeiten bei der Integration ihrer Prozesse und Systeme. Dadurch können Probleme entstehen und die Fusion könnte gefährdet sein.

Um solche Konflikte zu lösen, ist es wichtig, dass alle beteiligten Parteien offen miteinander kommunizieren und ihre Standpunkte klar darlegen. Ein erfahrener Mediator kann helfen, Missverständnisse auszuräumen und gemeinsame Lösungen zu finden, die für alle Parteien akzeptabel sind.

Die einzelnen Konfliktarten

Eine Eskalation verläuft oft auf mehreren Stufen und entsteht meist aus einer Mischung verschiedener Konfliktarten.

Dazu zählen Verteilungs- und Ressourcenkonflikte, Rollenkonflikte, Wahrnehmungskonflikte, Zielkonflikte, Beziehungskonflikte und persönliche Konflikte, sowie Sachkonflikte und Kompetenzkonflikte.

Das Ausmaß der Analyse und Benennung der einzelnen Konfliktarten hängt immer von der Bereitschaft der einzelnen Streitparteien, den Konflikt für alle Seiten gerecht lösen zu wollen, ab und ihrem Standpunkt zum „Gewinner-Verlierer"-Verhältnis.

Bei einem Streit möchte jeder als persönlicher Gewinner hervorgehen, doch während der stärkere Konfliktpartner auf seine Rechte und Interessen pocht, fühlt sich der andere eingeschränkt, nicht respektiert und unterbuttert.

Es herrscht somit ein Ungleichgewicht in der Verteilung der Rechte der am Konflikt beteiligten Personen, was eine zielsichere Problembeseitigung verhindert.

Ziel des Wirtschaftsmediators ist es dann, den Grund für die ungerechte Verteilung der Machtpositionen zu finden und einen Raum für angemessene und faire Umgangsformen zu schaffen, bei welchem jeder einzelne Streitpartner die Chance bekommt, seine Ziele – unter Rücksichtnahme auf die Ziele seines Gegenübers – weitestgehend zu verwirklichen.

Konflikte beeinflussen stets das Verhältnis zwischen den Konfliktpartnern. Man fühlt sich verletzt, unterdrückt, in die Flucht geschlagen und erniedrigt und nimmt die Vorwürfe des anderen persönlich.

Verteilungs- und Ressourcenkonflikte

Sie entstehen durch Uneinigkeiten über die Zu- und Verteilung von Personalfragen und durch etwaige Mittel.

Ursächlich hierfür sind daher mangelnde Ressourcen und eine ungerechte Verteilung, sowie eine fehlende Anerkennung und Selbstreflexion.

Jede Partei versucht stets den Anteil zu bekommen, den sie für „gerecht" empfindet.
Durch die interessensgeleitete Wahrnehmungsverzerrung der einzelnen Konfliktpartner, definiert jeder das Wort Gerechtigkeit jedoch anders.
So kommt es etwa bei der Verteilung begrenzter Ressourcen, wie im Falle von Budgets, zu Spannungen. Auch kann das Gerangel um Macht und Ansehen ein Konfliktgegenstand sein. Oder aber die Frage, warum ein Mitarbeiter mehr Zeitausgleich bekommt, als der andere oder ein Kollege dasselbe Gehalt bekommt, obwohl dieser dafür weitaus weniger leistet, als man selbst.

Konfliktauslösende Situationen können aber auch auftreten, wenn es darum geht, wer mehr Anerkennung bekommt, höhere Aufstiegschancen erhält oder einen aufwendigeren oder ansehnlicheren Zuständigkeitsbereich hat.

Zu Verteilungs- und Ressourcenkonflikten kommt es daher immer dann, wenn es darum geht, dass etwas unter mindestens zwei Personen aufgeteilt werden soll.

Um diese Konflikte aufzulösen oder gar nicht erst entstehen zu lassen, ist es nötig, dass man sich mit seinem Gegenüber in Verhandlungen begibt und einen Kompromiss findet, der für alle Parteien zufriedenstellend ist. Durch die Anwesenheit eines Mediators erfolgen diese Besprechungen dann nach Spielregeln, welche zuvor im Konsens getroffen wurden.

Rollenkonflikte

Jeder Streitpartner hat bestimmte Erwartungen und Anforderungen an sein Gegenüber und möchte diese erfüllt haben. Die soziale Rolle, in welcher sich eine Person befindet, beeinflusst ihr Verhalten und äußeres Erscheinungsbild. Doch nicht immer passt das Rollenbild mit dem zusammen, wie sich der Betroffene nach außen hin verhält. Geschieht das, entsteht ein Rollenkonflikt.

Ein Unternehmer der für Meinungsfreiheit stehen sollte und seine Mitarbeiter aber diskriminiert, wenn sie nicht seiner Meinung sind, verhält sich widersprüchlich zu dem ihm vorgegebenen Rollenbild einer neutralen Führungskraft.

Somit wird also die Verhaltenserwartung der Mitarbeiter an den Unternehmer (als Rolleninhaber) dadurch verletzt, indem sich der Rolleninhaber so verhält, wie er es selbst möchte und nicht so, wie es ihm seine Rolle eigentlich vorschreibt.

Ebenso kann ein Mitarbeiter, der nicht weiß, welche Erwartungen sein Vorgesetzter an ihn hat, diese nicht erfüllen und begünstigt unbeabsichtigt einen Rollenkonflikt. Wichtig ist in solchen Fällen jedoch, dass man die an eine Person gestellten Erwartungen hinterfragt, damit es so gar nicht erst soweit kommen kann.

Widersprüchliche Rollenerwartungen führen zu Konflikten, welche sich bis in den emotionalen Bereich hinausziehen und zu Spannungen, Unzufriedenheit und mangelndem Vertrauen führen.
Dadurch leiden die Beziehungen am Arbeitsplatz.

Ein Vorgesetzter der sein Wort nicht hält, findet keine Sympathisanten. Ein Mitarbeiter der den Wunsch eines Kunden nicht ordnungsgemäß ausführt, wird diesen wohl so schnell nicht mehr wiedersehen. Und ein Lieferant, der dem Unternehmen mangelhafte Lieferungen bringt, wird irgendwann gegen einen Konkurrenten ausgetauscht.

Wird die Leistung eines Mitarbeiters nicht gewürdigt oder die zuvor vereinbarte Arbeitszeit nicht eingehalten, wird dieser schnell unzufrieden sein und seine Arbeitsaufträge nur noch halbherzig machen.

Deshalb ist es bei Beziehungsverflechtungen jeglicher Art besonders wichtig, dass Ethik und Moral oberste Priorität haben! Kontroverse anzumerken ist eine Sache, mit ihnen jedoch richtig umzugehen eine andere! Schafft man es nicht, diese zu lösen, wird das Verhältnis zueinander weiterhin gestört bleiben.

Wahrnehmungskonflikte

Die unterschiedliche Art und Weise, wie Menschen mit Problemen umgehen und diese wahrnehmen, führt, sofern die beteiligten Parteien ihre Handlungsfähigkeit wiedererlangen, zum Ausbruch von Meinungsverschiedenheiten.

Jede Partei möchte sich gegen die gegnerische Seite durchsetzen oder – je mehr eine Partei gewinnt, desto mehr verliert die andere. Dabei basieren die Strategien der Konfliktpartner auf deren Ausgangsposition und inneren Standpunkten und sind somit situations- und personenabhängig.

Nachdem die Durchsetzungsphase überwunden wurde, bemüht man sich danach um eine im Konsens abgestimmte Konfliktlösung und orientiert sich somit nicht mehr länger an seinen eigenen Interessen, sondern auch an denen seines Gegenübers.

Der Wirtschaftsmediator wird in solchen Situationen auf der ersten Stufe die Kampfhandlungen und Aggressionen gegeneinander beenden, um so eine produktive Kommunikationsphase einleiten zu können, welche mit einem Kompromiss, der auf beiden Seiten vertretbar und lösungsorientiert ist, beendet wird.

Da Diskrepanzen nur durch einen Interessenskonsens zerschlagen werden können, ist es nicht förderlich, wenn ein Kompromiss als „gut" oder „schlecht" bezeichnet wird. Besser ist es hingegen, diesen anzunehmen und sich an die zuvor besprochene Abmachung einfach zu halten.

Hat einer der Konfliktpartner nicht das Verlangen am Mediationsgeschehen teilzunehmen, so muss dies respektiert werden. In der Regel ist das jedoch nur sehr selten der Fall.

Findet sich für eine Meinungsverschiedenheit kein gemeinsamer Nenner oder blockt der Streitpartner ab, so ist es oftmals besser, dies hinzunehmen, zu akzeptieren und dabei zu belassen, als einen neuerlichen Krieg anzuzetteln.

Wahrnehmungskonflikte hängen aber auch mit der Wahrnehmung über die eigene Person zusammen. Wenn eine Person weiß, dass sie auf eine andere Person negativ, herablassend und unfreundlich wirkt, sollte sie sich verinnerlichen, dass dies der Grund ist, warum sich die gegnerische Partei dann genauso zurück verhält. Sie bekommt also das eigene Spiegelbild zurückgeworfen und kann dieses dann ändern.

Anders ausgedrückt: Wie man in den Wald hineinruft, so kommt es auch zurück.

Im Rahmen eines Coachings kann hier mithilfe eines Flipcharts oder Whiteboards genau festgestellt werden, welche Eigenschaften ein gutes Team ausmachen und welche Charakterzüge weniger wünschenswert sind. Dies ist eine weitere Möglichkeit, um Konflikte im Zaum halten zu können.

Zielkonflikte
Diese entstehen, wenn Unternehmensziele nicht richtig und präzise genug ausgedrückt oder ungenau gewichtet werden.
Ist ein Etappenziel erreicht, sollte erste danach das nächst mögliche Ziel anvisiert werden. Stoppen sich die Ziele jedoch gegenseitig in Bezug auf ihre Erreichbarkeit, spricht man von Zielkonflikten.

Um dies auf die Praxis umzulegen, könnte man sagen, dass Personen innerhalb eines Unternehmens oft und zeitgleich mit mehreren Leistungsanforderungen konfrontiert werden, welche gleichzeitig und vollständig erfüllt werden müssen. Dies ist jedoch nicht immer möglich, da man nicht auf zwei Baustellen gleichzeitig arbeiten kann.

Eine Person die Macht und Erfolg anstrebt, kann diese Bedürfnisse gut mit ihrer Arbeitstätigkeit verknüpfen. Hat diese Person jedoch auch den Wunsch nach Freizeit, Entspannung und Zeit mit der Familie, lässt sich dies nicht mehr mit der Arbeit verknüpfen. Darin liegt der Zielkonflikt.

Solange es Menschen gibt, wird es auch Zielkonflikte geben, die einmal mehr und einmal weniger stark ausgeprägt sein können.

Für das erfolgreiche Verfolgen langfristiger Ziele bedarf es jedoch dem Hintenanstellen von kleineren, kurzfristigeren und vielleicht gar weniger wichtigen Zielen. Dies erreicht man nur, wenn man motiviert und diszipliniert ist.

Ein Mitarbeiter der in seiner Position aufsteigen möchte, sollte sich demnach eher auf seine Ausbildung konzentrieren, als auf Partys zu gehen.

Es gibt aber auch Ziele, welche mehrere Ansätze gleichzeitig betreffen. Ein klassisches Beispiel für solch einen Zielkonflikt ist das magische Dreieck der Investition, bei welchem ein Investor bei einer Investitionsentscheidung gleichzeitig die sich konkurrierenden Ziele Rendite, Liquidität und Garantie erfüllen soll.

Möchte man als Unternehmen Personalkosten einsparen, wird es schwer werden, einen qualifizierten Mitarbeiter zu finden.

Genauso wenig kann man von einem billigen Haushaltsgerät erwarten, dass es die Leistung eines teuren, dafür aber hochwertigeren Haushaltsgeräts, erbringt.

Im Falle von Personaleinsparungen kommt es immer öfter zu Überstunden, bei welchen die dadurch entstehende Mehrarbeit auf die im Unternehmen verbleibenden Mitarbeiter aufgeteilt wird. Dadurch steigen die Unzufriedenheit des Personals, sowie die Konfliktbereitschaft im Unternehmen.

Durch die Angst seine Anstellung zu verlieren, wenn man seine ehrliche Meinung zu einem Thema kundtut oder die Zweifel seinen Arbeitsauftrag nicht ausreichend genug erfüllen zu können, sowie durch Fehlzeiten und Fluktuationsraten, entsteht für den Betrieb ein hoher Kostenfaktor, der durch die Inanspruchnahme eines geschulten Wirtschaftsmediators vermieden wird.

Legt man als Unternehmer seine Ziele offen und zeigt deren Sinn auf, fördert man die Bereitschaft seiner Mitmenschen, diese auch zu erfüllen. Die richtige Formulierung transparenter Ziele könnte sein, dass man die Umweltverträglichkeit seiner Produkte oder die Arbeitsverhältnisse seine Mitarbeiter verbessern möchte.

Wichtig ist in jedem Fall, dass man, um Zielkonflikten weitestgehend aus dem Weg gehen zu können, seine Ziele korrekt benennt, erklärt und in seiner To-Do-Liste Prioritäten setzt. Als eine Art innerer Kompass kann der Unternehmer somit dann seine Ziele Schritt für Schritt abarbeiten und abhaken.

Gibt es einen klaren Projektauftrag, gibt es auch keine Streitigkeiten innerhalb des Teams, wenn es beispielsweise um die Frage geht, ob man das Arbeitstempo erhöhen soll, damit der Abgabetermin eingehalten wird oder doch lieber den Termin verschieben sollte, damit die Qualität der Arbeit gewährleistet ist.

Zu berücksichtigen ist in jedem Fall und unabhängig davon, um welche Konfliktart es sich handelt, dass sich die Streitparteien gegenseitig mit Verständnis und Akzeptanz begegnen und man eine transparente Kommunikation führt, vor der die Beteiligten keine Angst zu haben brauchen, wenn man seine eigenen Erwartungen und Wünsche ausformuliert.

Beziehungskonflikte und persönliche Konflikte
Probleme innerhalb von Beziehungen entstehen insbesondere dann, wenn eine Partei die andere verletzt, erniedrigt oder missachtet.
Verlangt die zuvor verletzende Person dann mehr Aufmerksamkeit, wird sich die andere, meist gekränkte, Person distanzieren.

Ein Narzisst (Ich-Person), der einen persönlichen Konflikt in sich selbst trägt, kämpft mit der Angst seine Unabhängigkeit und Macht zu verlieren und seine Autorität über die ihm untergeordneten Partner zu verlieren. Aus dieser Angst heraus entwickelt er eine Aggression, die er an seiner Umwelt auslässt.

Jeder Partner führt innerhalb seiner Beziehung auch ein eigenständiges Leben und hat das Recht auch jene Wege zu verfolgen, die ihm persönlich wichtig sind und sein Gegenüber vielleicht weniger interessieren. Die Art und Weise in der dies passiert, sollte jedoch immer im gegenseitigen Respekt und Einverständnis erfolgen und Rücksicht auf die Belange des Partners nehmen.

Da kein Mensch wie ein anderer ist, kommt es aufgrund unterschiedliche Interessen, Absichten, Ziele und Wünsche immer wieder zu Zusammenstößen. Um einen Bruch der Beziehungen zu vermeiden, muss man das Gespräch suchen und gemeinsam an einer Lösung arbeiten, die für den anderen Partner vertretbar ist.

Weil Beziehungen, unabhängig davon, ob es sich dabei um Freundschaften, Liebes- oder Arbeitsbeziehungen handelt, etwas sehr persönliches und emotionales sind, muss der Mediator gerade in diesem Bereich mit besonderer Empathie und Fingerspitzengefühl vorgehen.

Jeder Mensch hat bestimmte Verhaltens- und Denkmuster verinnerlicht, die für ein respektvolles Miteinander nicht immer förderlich sind. So wie dies auch bei einem Narzissten der Fall ist.

Während diese „Ecken und Kanten" dem einen bewusst sind, kann ein anderer nicht nachvollziehen, wenn an seinen Charakterzügen Kritik ausgeübt wird.

Sind die zwischenmenschlichen Verbindungen gestört – etwa, weil der Einzelne nicht nachgeben möchte und auf seinen Standpunkt beharrt, bleibt der Konflikt aufrecht oder wird gar weiter hochgeschaukelt.

Dies kann dazu führen, dass ein generelles Misstrauen entsteht, welches die Zusammenarbeit innerhalb von Beziehungen erschwert. Durch das dadurch erscheinende emotional aufgeladene Verhalten, wird die gegenüberstehende Seite diesem dann ausgesetzt, zusätzlich belastet und blockt ab.

Viele Führungskräfte möchten ihre Angestellten für besondere Leistungen belohnen.

Doch, wenn dies nicht dem Willen des Mitarbeiters entspricht, versinkt der gute Wille des Vorgesetzten. Dies passiert beispielsweise, wenn der Chef seine Mitarbeiter mit einem guten Mittagessen belohnen möchte, die Mitarbeiter für ihre Leistungen jedoch lieber eine Bonuszahlung erhalten hätten.

Im Bereich von Zusammenarbeiten unterschiedlicher Teams können Differenzen entstehen, wenn die Zuständigkeitsbereiche nicht klar definiert werden. Oft ist die Kommunikation vor Ort dann so schlecht, dass sich dies auf den gesamten Produktionsverlauf des Unternehmens auswirkt.

Oder das Verhältnis zwischen den Vorgesetzten und Mitarbeitern ist angespannt, weil es durch Missverständnisse anhand falscher Wortwahlen geprägt ist.

In all diesen Situationen ist die Inanspruchnahme einer Wirtschaftsmediation förderlich, damit im Raum stehende Missverständnisse aufgeklärt werden können und in den Betrieb wieder Ruhe einkehrt.

Sachkonflikte
Sachkonflikte entstehen, wenn sich die Ursache des Streits um die Sache selbst dreht.

Was ein Mitarbeiter über die beste Vorgehensweise hält, muss nicht immer mit der Ansicht seines Vorgesetzten übereinstimmen. In diesem Beispiel ist es die Kritik an der Methode mit der ein Projektziel erreicht werden soll.

Im Vergleich zum Zielkonflikt ist man sich bei einem Sachkonflikt zwar über das Ziel einig, jedoch nicht über den Weg dorthin.

Da kommt es dann vor, dass sich Kollegen über die in ihren Augen sinnlose oder zu wenig effektivvolle Strategie zur Erreichung des Arbeitsauftrags des anderen beschweren.

Fühlt sich jemand von einer anderen Person kritisiert, unter Druck gesetzt oder nicht ernst genommen, ist die Folge davon, dass sich diese Person wehrt und abblockt. Dieses Verhalten sollte aber gerade im wirtschaftlichen Sektor vermieden werden, da es in Betrieben um große Geldsummen geht.

Kompetenzkonflikte

Wenn die Zusammenarbeit innerhalb von Teams und Abteilungen nicht funktioniert, ist dies ein Anzeichen dafür, dass ein Kompetenzkonflikt vorliegt.

Nachrichten werden nicht oder nur halb weitergegeben, Zuständigkeitsbereiche sind nicht klar definiert und es kommt zu Doppelarbeiten.
Der Projektleiter sollte aus diesem Grund in Zusammenarbeit mit seinen Mitarbeitern einen unmissverständlichen Projektauftrag fertigen, bei welchem er die Verteilung der Aufgaben und Kompetenzen bereits zu Beginn eines Projekts verteilt, damit es so zu keinen Missverständnissen kommen kann.

Da Konflikte in unserem Alltag fest verankert sind, ist es wichtig, dass auch die Führungskräfte dieses Faktum innerhalb ihres Unternehmens akzeptieren und dahinter sind, auftretende Probleme schnellstmöglich zu beseitigen.

Konfliktbearbeitung und Prävention

Die Festlegung der einzelnen Kritiktypologien erlaubt es, im Konfliktfall, eine angemessene Intervention zu ermöglichen.

Weil sich Streitigkeiten auf die Leistungsfähigkeit, Gesundheit und Moral des Individuums auswirken, ist es wichtig, diese zu beenden und wieder einen Normalzustand für die Beteiligten zu erreichen.

Gerade in einer Belegschaft, welche aus Menschen unterschiedlichster Kulturen besteht, kommt es im Rahmen der Zusammenarbeit immer wieder zu Reibungen, Kontroversen und Mobbingattacken. Je vehementer eine Konfliktpartei ihre Position verteidigt, desto weniger Zugeständnisse kommen von der gegnerischen Seite.

Da jeder Mensch in seiner persönlichen Vorstellungswelt gefangen ist, hat jeder eine individuelle Wahrnehmung und Sicht der Dinge.

Aus diesem Grund bleibt es nicht aus, dass die unterschiedlichen Meinungen miteinander kollidieren und einen Konfliktherd bilden.

Dies kann der Unternehmer jedoch anhand seiner Position und seines Führungsverhaltens (Teamplayer, Neutraler, Autoritätsperson) zum Positiven oder Negativen wenden, da jede Unternehmenskultur von dem Charakter ihrer Führungskraft geprägt wird. Schafft es die Führungskraft die Pläne, Bedürfnisse und Erwartungen all ihrer Mitarbeiter, Kollegen, Lieferanten und dergleichen zu managen und unter einen Hut zu bekommen, kann sie die Konflikte in ihrem Unternehmen ausmerzen.

Durch die Berücksichtigung der Funktionen und Kompetenzen des Einzelnen, sowie seiner Erwartungen, Absichten, Rechte und Pflichten, kann jeder noch so schwierig wirkende Streitfall zu einem positiven Ende gelangen oder ein Konflikt gar nicht erst entstehen.

Die Voraussetzung für ein erfolgreiches Konfliktmanagement und die Vermeidung von Konflikten liegt in der Fähigkeit, die Meinungsverschiedenheiten der Betroffenen zu erkennen und zu respektieren.

Oft merkt man schon anhand bestimmter feindseliger Umgangsformen oder Verhaltenszüge, dass sich ein Streitfall anbahnt. Dies erkennt man auch daran, indem man das Ausmaß der zu einem Konflikt führenden Risikofaktoren bestimmt. Etwa, wenn man weiß, womit man eine andere Person besser nicht provozieren sollte.

Die Bedeutung der Konfliktprävention und somit die Erkennung der Alarmsignale ist für die Arbeit daher ein wichtiger Baustein zur Erhaltung und Förderung der Leistungsfähigkeit im gesamten Wirtschaftsleben.

Die Wirtschaftsmediation als Tool im Wirtschaftssektor hilft dabei, dies zu bewerkstelligen und die psychische Gesundheit der am Konflikt beteiligten Personen zu sichern.

Herrscht im Betrieb Unzufriedenheit, bedeutet dies auf allen Ebenen ein deutlich erhöhtes Konfliktpotenzial. Durch die Hilfe des Mediators werden in diesen Fällen dann die Konfliktherde definiert, deren Ursache beleuchtet, Lösungsstrategien besprochen und feste Vereinbarungen getroffen.

Unternehmer können Diskrepanzen im Unternehmen reduzieren, indem sie die Sach-, Beziehungs- und Prozessebene ihrer Belegschaft und Geschäftspartner im Auge behalten und sie in ein Gleichgewicht bringen. Dies erreichen sie durch offene Gespräche und die Wahrung der Interessen und Wünsche der Betroffenen.

Aufgaben der Unternehmer im Rahmen der Konfliktbewältigung
Wenn eine Führungskraft merkt, dass sich in ihrem Betrieb ein Konflikt anbahnt, welchen sie selbst nicht zu lösen vermag, sollte sie sich die externe Hilfe eines neutralen, kostengünstigen und erfahrenen Wirtschaftsmediators holen.

Die Inanspruchnahme eines Mediationsverfahrens ist das erste Zeichen dafür, dass die Gefahr für das Unternehmen erkannt wurde und man sich nun nach aktiv nach einer Lösung umsieht.

Obwohl für viele Menschen ein Konflikt oft als negative Spannung abgetan wird, steckt dahinter doch wesentlich mehr. Nicht zuletzt die damit einhergehenden Konfliktkosten, welche in einem anderen Kapitel näher erläutert werden.

Die Hoffnung der Betroffenen, dass sich der Konflikt von selbst wieder einrenkt ist leider nicht die Realität. Denn wenn man etwas unter den Tisch kehrt, ist es immer noch da, auch wenn man es nicht mehr sehen kann! Wie sollte sich auch das feindselige Verhalten des Kollegen ändern oder der Vorgesetzte davon ablassen, einem zum hundertsten Mal vor der übrigen Belegschaft zu kritisieren, wenn man die betroffen

Personen auf ihr unangebrachtes Verhalten nicht hinweist.

Werden solche Diskrepanzen nicht bearbeitet, verschlimmern sie sich weiterhin und wirken sich negativ auf die Psyche des Einzelnen aus.

Um das zu verhindern, gibt es die Wirtschaftsmediation.

Im Falle einer Mediation gilt als Kernregel: Je früher man einen Mediator hinzuzieht, desto rascher wird ein Konflikt gelöst. Je länger man damit wartet, desto höher ist auch der Aufwand um ein Problem zu lösen.

Zu bedenken ist auch, dass kein Konflikt nichtig ist, da jede einzelne Person in einem Unternehmen ein Zahnrad ist, welches dazu beiträgt, dass das große Ganze bewegt wird und funktioniert.

Legt man diese Metapher auf die Wirtschaftsmediation um, so ist diese ein kostengünstiges und schnelles aber hochwertiges Schmiermittel, welches den Zahnrädern hilft, damit diese wieder ins Laufen kommen.

Neben dem Wiederhochfahren des Normalbetriebs, ermöglicht der Mediationsprozess einem Betrieb auch eine Lernphase zur Prävention und Lösung zukünftiger Konfliktsituationen, welche immer wieder zur Hand genommen werden kann.

Dies bedeutet, dass das Mediationsverfahren den Vorteil hat, dass ein aktuell bestehender Konflikt zur Zufriedenheit aller gelöst werden kann und er gleichzeitig den beteiligten Personen die Möglichkeit bietet, die gelernten Konfliktbewältigungsstrategien auch bei zukünftigen Streitsituationen anzuwenden, damit es gar nicht mehr zu derartigen Eskalation kommen kann.

Konflikte, Diskrepanzen, Probleme, Rückzug – sie alle entstehen aufgrund einer mangelhaften oder schlechten Kommunikation.

Mithilfe des Mediators wird eine respektvolle und wertschätzende Kommunikation erlernt, welche jeden Streit im Keim erstickt und ein freundliches und friedvolles Miteinander begünstigt.

Verabsäumt man die rechtzeitige Kehrwende einer Eskalation, so brodelt auch die Gerüchteküche. Intrigen und Verleumdungen machen dann die Runde und die jeweiligen Konfliktparteien suchen sich dann Verbündete, welche sie bei der Vertretung ihrer eigenen Position unterstützen sollen.

Bei den meisten Streitigkeiten geht es gar nicht um gegensätzliche Ziele oder Wertvorstellungen, sondern um getätigte Handlungen und Verhaltensweisen die man an seinem Gegenüber ausübt. Auch lässt sich ein Konflikt meist nicht einer einzelnen Ursache zuordnen, sondern ist vielmehr eine Mischung aus verschiedenen Gründen.

Verhaltensweisen innerhalb einer Konfliktsituation
Je nach Charakter und Konfliktart können die eigenen Verhaltensweisen voneinander abweichen.

Aus der Kombination der verschiedenen Ausprägungen ergeben sich fünf Verhaltensmuster.

- Vermeidung: Wenn weder der Beziehung, noch der Streitsache eine zentrale Bedeutung zukommt.

- Anpassung: Wenn die Beziehung einem wichtiger ist, als die Sache selbst.

- Konkurrenz: Wenn die Sache einem wichtiger ist, als die Beziehung.

- Kompromiss: Wenn Beziehung und Sache die gleiche Relevanz haben

- Kooperation: Wenn die Beziehung und Sache eine so große Bedeutung haben, dass ein gegenseitiges Vertrauen besteht, um zusammenzuarbeiten und gemeinsame Ziele zu formulieren.

Leider besitzen Konflikte die Tendenz, immer weiter zu eskalieren. Anfänglich im Verborgenen liegend, bis sie irgendwann einmal ausbrechen. Bis also das umgangssprachliche „Fass zum Überlaufen" gebracht wird. Ist dieser Zeitpunkt erreicht, wird das Verhältnis zum Streitpartner immer schlechter.

Das Positive an einer Konfliktsituation ist jedoch, dass diese althergebrachte Verhaltensweisen und Handlungsmuster infrage stellt und reflektiert und im besten Fall und in weiterer Folge zur Änderung der Aufbau- bzw. Ablaufstruktur, dem Bewusstwerden und dem Wunsch sich zu ändern, zur Auflösung von falschen Mustern und zur Steigerung der Kreativität und Innovationskraft führt.

Erfolgt die Auswertung und Reflexion positiver Konfliktverläufe innerhalb eines betrieblichen Rahmens, können Bewältigungsstrategien erlernt werden, welche in zukünftigen Streitfällen immer wieder erfolgreich angewendet werden können.

Obwohl Meinungsverschiedenheiten oft Ausgangspunkt für eine starke Inspiration im Zusammenhang mit einer besseren Zusammenarbeit und effektiverem Handeln sind und, dadurch bedingt, zur Erhaltung der Wettbewerbsfähigkeit am Markt beitragen, haben sie ab einem gewissen Schweregrad nur noch einen destruktiven Charakter und belasten den Arbeitsalltag.

Schafft man es dann nicht den Konflikt zu beseitigen, führt dies zu einer dauerhaften Verringerung der Motivation und Arbeitsleistung, einem sinkenden Zusammengehörigkeitsgefühl, sowie zu einer hohen Fluktuationsrate und dem Verlust des Firmenimages, unter welchem letztlich auch die Umsatzzahlen und der Gesamterfolg des Unternehmens leiden.

Konfliktkosten

Als Konfliktkosten bezeichnet man all jene Kosten, welche aufgrund einer geplanten oder ungeplanten Störung im Unternehmen entstehen und somit mit einer entsprechenden Kostensteigerung einhergehen.

Diese Aufwendungen können im Personalcontrolling den Dimensionen Person, Team und Organisation zugeordnet werden.

Weiter definiert handelt es sich um direkt ermittelbare Kosten, wie sie beispielsweise bei der Auflösung eines Arbeitsverhältnisses aufgrund von Unzufriedenheit am Arbeitsplatz, der Mitarbeiterfehlzeiten wegen Krankheitsfällen oder der Rekrutierung neuer Mitarbeiter entstehen.

Dazu kommen aber auch schätzbare Aufwendungen, wie dies etwa bei entgangenen Geschäftsgelegenheiten oder Kundenfluktuationen der Fall ist.

Um die Konfliktkosten in einem überschaubaren Rahmen zu halten, sollten diese genau erfasst und zielgerichtete Maßnahmen zur Problembewältigung eingeleitet werden.

Erreicht wird dies durch aktives Zuhören, Verständnis und eine lockere und transparente Kommunikation, welche zur Lösungsentwicklung und letztlich zur Konfliktbewältigung beiträgt.

Mithilfe der Mediation gelingt dies anhand selbstbestimmter und außergerichtlicher Lösungswege und Lernprozesse.

In diesem Kontext ist es vor allem wichtig, dass der Vorgesetzte die Werte des Unternehmens klar verdeutlicht und diese auch einhält, sowie eine stabile Bindung zu seinen Mitarbeitern und Geschäftsleuten aufbaut.

Ist eine starke Verbindung zu einem Unternehmen vorhanden, bricht nicht gleich die Hölle los, wenn einmal etwas nicht passt. Ist diese jedoch nicht vorhanden, können aufkommende Konflikte wesentlich leichter das gesamte Betriebsklima schädigen.

Es liegt auf der Hand, dass Arbeitskräfte, welche keine Bindung zu ihrem Arbeitsplatz haben weniger und qualitativ minderwertigere Leistungen erbringen, häufiger krankgeschrieben sind und ihre Kollegen mit ihrer mangelhaften Arbeitswilligkeit anstecken.

Da in Zeiten der Kosteneinsparungen und des damit einhergehenden Stellenabbaus weniger Mitarbeiter die gleichen Leistungen erbringen sollen, ist es ratsam, die Arbeit an der Firmentreue in den Vordergrund zu stellen.

Obwohl das rechtzeitige Auseinandersetzen mit Meinungsverschiedenheiten und Streitpunkten für viele Führungskräfte eine unangenehme Situation ist, ist es doch nötig, sich mit diesen auseinanderzusetzen. Die Gegenseite wird meist auch als Störfaktor bezeichnet, welche den Weg zur Beendung der Probleme erschwert.

Dabei sollte einem bewusst werden, dass Konflikte zum Leben gehören und etwas ganz natürliches sind.

Die Führung von täglichen Mitarbeitergesprächen könnte das Entstehen von schlimmeren Diskrepanzen (verbale Gewalt, Mobbing, sozialer Rückzug, etc.) verhindern und ermöglicht den Betroffenen, sich zu ihren Interessen und Wünschen frei zu äußern und dem Vorgesetzten, im Falle eines aufkommenden Konflikts, die Möglichkeit zu bieten, diesen rechtzeitig gegensteuern zu können.

Während die Inanspruchnahme von Rechtsanwälten an enorme Kosten, Termine und Fristen gebunden ist, haben die Unternehmer im Falle des Zuziehens eines Wirtschaftsmediators weitaus weniger Kosten und können jederzeit auf eine Mediationssitzung zugreifen, welche oft sehr kurzfristig vereinbart werden kann.

Da die Bedeutung der Konfliktprävention ein wichtiger Baustein zur Erhaltung und Förderung der Beschäftigungsfähigkeit in allen Bereichen ist und die Höhe der Konfliktkosten beeinträchtigt, sollte man sich als Unternehmer mit diesem Thema genauer auseinandersetzen. Denn nur wer ein geschultes Auge hat, kann einen Konflikt frühzeitig erkennen, ihn genau definieren und eine erfolgreiche Konfliktberatung einleiten.

Dazu gehört, dass man als Unternehmer seinen Mitarbeitern, Geschäftspartnern und Kunden eine Kommunikationskultur vorlebt, die zu einer konfliktfreien Verständigung beiträgt und man im Sinne des Gemeinwohls handelt, statt seine eigenen Präferenzen durchzusetzen.

Ebenso ist es sinnvoll, dass man Hilfe von außen annimmt, wenn man sich von einer Streitsituation überwältigt fühlt.

Schafft man dies alles zu gewährleisten, kann dadurch allein schon mindestens ein Viertel an Konfliktkosten eingespart werden.

Durch das Nutzen von Wirtschaftsmediationen werden die Konfliktkosten daher massiv reduziert und darüber hinaus die Zusammenarbeit und Produktivität im Betrieb erhöht.

Weil die Mediation den Raum für einen gut strukturierten Diskussionsprozess ermöglicht, können sich die Parteien einander näher kommen, ihre Probleme besprechen und kreative Lösungen schaffen, die auf allen Seiten zu einer Win-Win-Situation führen.

Finanzielle Folgen von Konflikten

Die Konfliktkosten, welche im Rahmen von Meinungsverschiedenheiten und Unstimmigkeiten zustande kommen ergeben sich

- aus einer vergeudeten oder verlorenen Arbeitszeit,
- falsch getroffenen Entscheidungen,
- verlorenen Mitarbeitern, Geschäftspartnern und Kunden,
- unnötigen Umstrukturierungen,
- verminderte Motivation,
- mangelhafter Arbeitsleistung,
- Gesundheitskosten aufgrund von im Krankenstand befindlichen Mitarbeitern;

Dabei ist zu beachten, dass die Kosten höher sind, je konfliktgeladener die Situation ist.

Um diese Kosten so gering wie nur möglich zu halten, ist es empfehlenswert auf ein gezieltes Konfliktmanagement mithilfe eines professionellen Wirtschaftsmediators zu setzen.

Natürlich bleibt die Inanspruchnahme eines geschulten Mediators jedem Unternehmer selbst überlassen. Man kann den Mitarbeitern auch selbst und ohne fremdes Zutun die Möglichkeit geben, sich alleine zu besprechen, damit eine Lösung gefunden wird. Der Zeit- und Kostenfaktor ist in diesem Fall aber erheblich höher, da sich unorganisierte und ungeschulte Problemlösungssitzungen über viele Monate hinziehen können und in diesem Zeitraum die Produktivität weiter abnimmt.

Durch den Einfluss des Mediators werden die Unternehmenskonflikte nach einem genau strukturierten Plan und unter erfolgssicheren Strategien durchgeführt, welche erst durch eine entsprechende Ausbildung und durch jahrelange Erfahrungen im Bereich des Konfliktmanagements erlernt werden können.

Häufig gestellte Fragen

Was genau ist Wirtschaftsmediation?

Wirtschaftsmediation ist ein Prozess, bei dem eine neutrale dritte Partei - der Mediator - den Konflikt zwischen zwei oder mehreren Parteien löst. Der Mediator hilft den Beteiligten dabei, ihre Standpunkte klar darzulegen und gemeinsam nach Lösungen zu suchen. Im Gegensatz zu einem Gerichtsprozess geht es in der Mediation nicht um Rechtsprechung, sondern um eine Win-Win-Lösung für alle Beteiligten.

Welche Vorteile hat die Wirtschaftsmediation?

Die Wirtschaftsmediation bietet zahlreiche Vorteile gegenüber traditionellen Streitbeilegungsverfahren wie Gerichtsprozessen oder Schiedsverfahren. Dazu gehören:

Zeit- und Kostenersparnis: Eine Mediation kann in der Regel viel schneller abgeschlossen werden als ein Gerichtsprozess oder ein Schiedsverfahren. Das spart Zeit und Geld.

Erhalt der Geschäftsbeziehungen: Durch die Zusammenarbeit an einer Lösung können geschäftliche Beziehungen aufrecht erhalten bleiben.

Vertraulichkeit: Die Mediation findet unter strenger Vertraulichkeit statt, was dazu beiträgt, dass die Beteiligten offen und ehrlich miteinander kommunizieren können.

Flexibilität: In der Mediation haben die Beteiligten mehr Kontrolle über den Prozess und können kreative Lösungen entwickeln, die in einem Gerichtsprozess nicht möglich wären.

Win-Win-Lösungen: Die Mediation zielt darauf ab, eine Lösung zu finden, von der alle Parteien profitieren. Es gibt keine "Verlierer".

Wie läuft eine Wirtschaftsmediation ab?

Eine Wirtschaftsmediation beginnt normalerweise mit einer Vorbereitungsphase, in der der Mediator mit den Parteien Kontakt aufnimmt und den Ablauf des Verfahrens erklärt. Dann folgt eine erste Sitzung, bei der jeder Teilnehmer seine Sichtweise darlegt und Ziele für die Mediation festlegt. In den folgenden Sitzungen arbeitet der Mediator mit den Beteiligten zusammen, um Optionen zu identifizieren und eine gemeinsame Lösung zu finden. Am Ende wird ein schriftlicher Vertrag erstellt, der die Vereinbarung festhält.

Schlusswort

Überall da, wo Individuen aufeinander treffen, besteht aufgrund unterschiedlicher Sichtweisen, Meinungen und Ziele, sowie mangelhafter oder nicht vorhandener Informationen und einer schlechten Kommunikationsbasis, ein erhöhtes Konfliktpotenzial.

Um dieses in Ihrem Unternehmen so gering wie möglich zu halten, ist es wichtig, die ersten Warnsignale zu erkennen und den entsprechenden Konflikt korrekt benennen zu können

Merken Sie, dass die Streitsituation überhandnimmt und sich dies auf die Produktivität und Qualität Ihrer Produkte oder Dienstleistungen auswirkt, Ihre Mitarbeiter, Geschäftspartner und Kunden darunter leiden und dies letztlich an Ihrem Unternehmenserfolg und den Umsatzzahlen kratzt, sollten Sie sich gegen ein teures Gerichtsverfahren und immense Anwaltskosten entscheiden und die Alternative wählen.

Die Mediation als außergerichtliches, kostengünstiges und weniger zeitraubendes Verfahren im Bereich des Konfliktmanagements, schafft es anhand eines gut strukturierten Diskussionsprozesses den notwendigen Raum zu schaffen, der es den Konfliktpartnern ermöglicht sich fair, respektvoll, vernünftig und offen auszutauschen und anhand von selbst gewonnenen kreativen Lösungen einen Weg aus der Streitsituation zu finden, die auf allen Seiten eine Win-Win-Situation hervorbringt.

Mit dem Ziel in komplexen Konfliktsituationen eine Entscheidungshilfe zu bieten, hilft die Erfahrung eines Mediationsverfahrens auch bei künftig auftretenden Streitpunkten.

Nachhaltig, fair, neutral und erfolgssicher – das zeichnet die Wirtschaftsmediation aus.

Durch gezielte Kommunikationstrainings wird ein respektvolles Miteinander geschaffen, welches das Aufkommen größerer Konflikte im Keim erstickt oder diese gar nicht erst möglich macht.

Zudem entsteht ein Verantwortungsbewusstsein für das Finden von Verbesserungsideen, ein Aufdecken von Missständen und das Erlernen eines wertschätzenden Umgangs mit den Kollegen, Kunden und Vorgesetzten.

Die zuvor angesprochenen Konfliktkosten sollten weniger als Aufwendungen, sondern vielmehr als Budgetverluste bezeichnet werden, da sich Ihr Geld durch Mitarbeiterkündigungen, Krankenstände, Kundenverluste aufgrund mangelnder Produktivität, entgangene Firmengeschäfte oder etwa durch einen Imageverlust vermindert.

In weiterer Folge leidet dadurch auch die Motivation der Mitarbeiter, da diese aufgrund von Personaleinsparungskosten eine erhöhte Leistung für ein gleichbleibendes Geld erbringen müssen. Dies wiederum führt zu einem allgemein schlechten Betriebsklima.

Um Ihre Konfliktkosten daher so gering wie nur irgend möglich zu halten, ist es empfehlenswert, wenn Sie sich an einen neutralen und zielorientierten Wirtschaftsmediator wenden, der Ihnen, Ihrer Belegschaft, Ihren Kunden, Geschäftspartnern und sonstigen am Unternehmenserfolg beteiligten Personen dabei hilft, einen effektiven und nachhaltigen Weg aus einer für Ihr Unternehmen belastenden Konfliktsituation heraus zu helfen.

Weil der Wert immer mehr Richtung kontinuierlicher Kostensenkung und gleichzeitiger Produktivitätssteigerung geht, ist es wichtig, diese beiden Seiten in Einklang zu bringen.

Als erfolgreicher Mediator besitze ich genau jene Fähigkeiten, welche Sie brauchen, um sich all diesen Herausforderung stellen zu können und Ihr Unternehmen wieder neu aufblühen zu lassen!

Ich helfe Ihnen dabei, dass sich die Kommunikationsqualität in Ihrem Unternehmen auf ein Maximum verbessert und jegliche Konfliktherde aus dem Weg geräumt werden.

Da man mittlerweile weiß, dass 25 Prozent des Unternehmensumsatzes von der Qualität der Kommunikation abhängt und die Wirtschaftsmediation diese verbessert, ist sie ein entscheidendes Werkzeug, welchen den Gewinn Ihres Unternehmens positiv beeinflussen kann.

Daher warten Sie nicht länger und nutzen Sie noch heute die Vorteile der Wirtschaftsmediation für den Erfolg Ihres Unternehmens!

Ihr Wirtschaftsmediator Stefan Stelzhammer

Meine Internetpräsenz

Um stets auf dem neuesten Stand zu bleiben, lieber Leser, können Sie jederzeit die Websites stelzhammer.info oder https://www.instagram.com/ stefan.stelzhammer besuchen und meine aktuellen Buchveröffentlichungen verfolgen.

In meinen Publikationen möchte ich Ihnen helfen, Ihre Konflikte eigenständig zu lösen und Ihnen dabei das erforderliche Wissen vermitteln. Zusätzlich stehe ich gerne für persönliche Termine zur Verfügung, um den Konflikt gemeinsam mit Ihnen zu besprechen.

Sofern Sie zu dem hier vorliegenden Werk Fragen, Anregungen, Lob oder Kritik haben, freuen wir uns über eine Kontaktaufnahme unter www.stelzhammer.info oder per E-Mail an mediation@stelzhammer.info.

Mit freundlichen Grüßen,
Stefan Stelzhammer

Weiterführende Informationen

Als weiterführende Lektüre empfehle ich folgende Werke von mir zu lesen:

Sektor Projektmanagement
// ISBN-13 : 979-8593068507

Das Buch soll einen guten, ersten Überblick über die Arten, Formen, Abläufe und Methoden des Projektmanagements geben. Weil ein Projekt oftmals ein sehr komplexes Verfahren ist, ist es umso wichtiger, dass man die Strukturen und Methoden des Projektmanagements kennt, versteht und richtig anzuwenden weiß. Genau diese Hilfe soll Ihnen dieses Buch bieten.

Einblick in die Mediation: das alternative Gerichtsverfahren
// ISBN-13 : 979-8670321099

In meinem aktuellen Buch zum Thema "Einblick in die Mediation" habe ich sowohl mein theoretisches Wissen, als auch meine Praxiserfahrungen niedergeschrieben. In leicht verständlicher Form dargebracht, bietet mein Werk einen ersten Einblick über die immer wichtiger werdende Alternative zum klassischen Gerichtsverfahren – die Mediation.Neben der Entstehung eines Konfliktes, gehe ich auch auf die einzelnen Schritte zu dessen Lösung ein.

Alle meine Bücher finden Sie auch auf
www.amazon.de
oder unter
https://stelzhammer.info/publikationen